www.asociaciondeescritores.com

Impreso en Estados Unidos de Norte América

Primera Edición 2021

Coordinado por **AC** Asociación de Escritores de Socios MMEC

ISBN: 9798757742892

Imprint: Independently

Published by Editorial MMEC USA

www.asociaciondeescritores.com

www.miguelmartineducationcenter. com

Diseño, Edición, Portada de libro por **Uguanggao** Marketing Agency Group Europa, USA, México, Sur América.

Comentarios, información, Conferencias sobre el autor o preguntas puede hacerlo en Redes sociales www.asociacciondeescritores.com

Mujer de Éxito

Un Nuevo Liderazgo

Por Miguel Martin

ÍNDICE

DEDICACIÓN

Este libro está dedicado a mi querida madre
Marta Pérez la mujer de éxito en mi vida.

AGRADECIMIENTO

Un agradecimiento a todas las mujeres que han impactado mi vida y que inspiraron esta obra.

Introducción

Ella decidió cambiar de vida, y hacerlo involucraba **un reto**. Viviendo en una cultura extremadamente dominada por el hombre, ella no podía ni debía hacer ninguna cosa sin el permiso o consentimiento del hombre. Parte del cambio de ella involucró cambiar sus paradigmas, su comportamiento y su religión. Eso disgustó a su esposo, él le dijo que no podía pensar diferente, contradecir sus órdenes y menos salir de casa sin su permiso. Sin duda esto complicó la situación del hogar.

A pesar de tan desdichada situación que están sufriendo tantas mujeres hoy día en pleno 2021, esta mujer decidió que debía cumplir con todas sus responsabilidades en el hogar, pero esto no satisfizo a este hombre.

Muchas veces la ofendió, y hasta la golpeó porque ella le desobedeció al leer algo diferente, pensar diferente a los demás, por presentarle su opinión, otras veces se airaba porque ella iba a la iglesia. La violencia doméstica era la parte más horrible de este cáncer que domina a nuestra sociedad.

Él no era capaz de comprender este nuevo comportamiento de su esposa, él no podía aceptar que ella no se sometiera más a todos sus deseos, la transformación de ella estaba fuera de su entendimiento, ese afán de ella por seguir con sus convicciones. Pero el problema no era ella, más que la razón, más que tratar de entenderla, era su *ego que estaba ofendido.*

Un día bien enojado quiso impedirle a toda costa que fuera a la iglesia, y en su furor tomó la plancha caliente y le quemó los pies para imposibilitar que asistiera a la iglesia. ¡Se alocó! A pesar de esto ella lo bendijo y con los pies quemados, sangrando y con mucho dolor se fue a la iglesia, ¿cómo?, *de rodillas.* Indudablemente había UNA GUERRA de libertad, de creencias y de comportamientos. Si, una guerra que muy pocos deciden y la mayoría no tiene la voluntad de pelear.

Finalmente, el hombre ya no podía resistirse a la decisión de su esposa, el cambio de esta mujer lo llevó a decir:

"Quiero conocer la razón que te dio ese cambio, que te llena de valcr, eso que es superior a mis deseos", y fue gracias a esta mujer que el terminó conociendo de Dios, asistiendo a la iglesia junto con ella y leyendo el libro de los libros, el libro sagrado. Esta historia sucedió en África.

Que disfrutes este libro y te provea la visión de la libertad de tu potencial, a fin de romper esclavitudes, superar debilidades y elevar tu consciencia y facultades para que hagas PRESENCIA COMO MUJER en cualquier área en que el universo te llame a contribuir. Bienvenida el mundo de la Mujer de Éxito.

Los Editores

"Sólo se vive una vez, pero si lo haces bien, una vez es más que suficiente". (Mae West / Actriz)

¿Cómo estás viviendo?

La indiferencia
INACEPTABLE

Alguna vez te has preguntado, ¿por qué hay poquísimas mujeres que ocupen posiciones de liderazgo en el mundo? Sí, nuevamente, ¿por qué son pocas las mujeres en puestos de liderazgo? Recuerda, somos más 7 billones de habitantes en el mundo. **La respuesta a la pregunta es La INDIFERENCIA.**

¿Por qué pocas mujeres empresarias? INDIFERENCIA. ¿Por qué hay pocas mujeres en el liderazgo político? INDIFERENCIA. ¿Por qué hay pocas mujeres en puestos de líderes en las iglesias? INDIFERENCIA. ¿Por qué hay pocas mujeres en los negocios? LA INDIFERENCIA.

Los siglos son testigos de cuanta indiferencia se ha manifestado contra la mujer. Los llamados progresos EN FAVOR DE LA MUJER incluyendo el periodo feminista, *solo han sido un cambio de nombre a la gran problemática DE PARADIGMA, pero la verdad es que sigue existiendo UNA GRAN INDIFERENCIA en pleno siglo 21.*

Todos podemos hacer algo para apoyar a la mujer, y de hecho, podemos alentarla a tomar las riendas de su futuro. ¿Cómo?

La directora operativa (COO) de Facebook, Sheryl Sandberg, dio una charla TED llamada: "Por qué tenemos tan pocas mujeres líderes".

En su charla, Sandberg quiere llamar la atención a lo que pueden hacer las mujeres para evitar el auto sabotaje.

En primer lugar, Sandberg insta a las mujeres a sentarse a la mesa y negociar su salario.

El 57% de hombres negocian su primer sueldo. ¿Y cuántas mujeres? Solo el 7%.

Para negociar, las mujeres deben sentir que se merecen el éxito, que se merecen un ascenso laboral, que lo que han logrado ha sido el resultado de su esfuerzo.

En segundo lugar, Sandberg insta a las mujeres a hacer de su pareja, un verdadero compañero. Esto significa que si tanto el hombre como la mujer trabajan a tiempo completo, deben repartirse de manera equitativa las responsabilidades del hogar. Cuando no lo hacemos, la mujer termina haciendo el doble de trabajo en casa y dedica tres veces más tiempo a cuidar a los niños que el hombre.

En tercer lugar, Sandberg insta a las mujeres a no dejar de pisar el acelerador antes de tener que hacerlo. ¿Qué significa esto?

Por ejemplo, Sandberg cuenta que ha conocido a algunas mujeres que antes de encontrar un novio para casarse, ya estaban pensando que tenían que dejar de trabajar para poder quedar embarazadas. ¿Por qué las mujeres deberían dejar de pisar el acelerador antes de tiempo?

Sandberg dice que los asuntos como el embarazo son una pausa que solo debe detenerte cuando llegue el momento, no antes.

Claro está, para que una mujer pueda cumplir con las recomendaciones de Sheryl Sandberg necesitará de toda la ayuda y colaboración que pueda tener de nuestra parte.

Por eso, a ti que estás leyendo te pregunto: ¿haz apoyado a la mujer o la haz ignorado? Hay mil maneras de ignorar a alguien, entre ellos el silencio, la falta de apoyo, la ignorancia, los memes, el bullying social, etc.

Debemos dejar de ignorar, dejar de ser parte del problema y empezar a convertirnos en una parte de la solución.

"El poder no te es dado, tienes que tomarlo." (Beyoncé)

¿Qué es lo que no te has animado tomar?

Datos
PREOCUPANTES

¿Conoces cuál es el porcentaje de lugar de liderazgo, profesionalismo, feminismo o contribución oficial de la mujer en el mundo? ¡Creo que NO! Por eso te comparto algunos datos súper importantes para comprender el tema, y ver como INVOLUCRARNOS PARA IMPULSAR EL PÉNDULO A SU FAVOR.

Es muy interesante analizar los datos del país promotor de los derechos del ser humano. Observa y analiza el porcentaje de progreso en Los Estados Unidos, el famoso país de la libertad, libertad de expresión, de apoyo a la igualdad, mentes abiertas y apoyo a las mujeres. Según fuentes muy reconocidas, en las empresas del "S&P 500" (El índice Standard & Poor's 500, que es uno de los índices bursátiles más importantes de los Estados Unidos) las mujeres ocupan un calamitoso 5% de liderazgo.

En Europa, el viejo continente, según un reporte del STOXX 600, las damas ocupan solo el 27% de los puestos de liderazgo, ridículo pero cierto. La verdad es que NO hemos avanzado mucho en esto en la civilización moderna. ¿Dónde entonces están los intereses de la sociedad?

Sin embargo, resulta interesante el involucramiento de la mujer en un continente con muy poco progreso en todo sentido. En África, las mujeres ocupan alrededor de un 30% del liderazgo, y según la Global World, este porcentaje fluctúa más que en el nuevo mundo, el mundo en pro de la igualdad, el mundo de las libertades, me refiero a Estados Unidos.

Súper pregunta para ti latino, hispano, latinx: ¿conoces cuál es el porcentaje de liderazgo que ocupa la mujer en Latinoamérica? Nosotros los latinos ni idea tenemos que en Latinoamérica solo un 6.4% de los puestos de importancia en las 100 empresas más grandes son ocupados por mujeres, de acuerdo a E&N (estrategias y negocios).

Estos DATOS son súper importantes ya que nos revelan cómo piensan las mentes más brillantes, nos proveen una IDEA de dónde está la conciencia de la sociedad en la que vivimos en pleno siglo 21 sobre la importancia de la mujer en la igualdad social.

Sin duda falta mucho por lograr y por eso estás leyendo este libro *Mujer de Éxito, un nuevo liderazgo.*

Te pregunto a ti: ¿qué porcentaje de los puestos de liderazgo son ocupados por las mujeres en tu comunidad, iglesia, negocios e instituciones?

"Define el éxito con tus propios términos, consíguelo con tus propias reglas, y construye una vida de la que estés orgulloso". (Anne Sweeney / Presidenta de Walt Disney)

¿De que estas hoy orgullosa?

El sexto sentido

Nos han enseñado qué hay 12 planetas ¿CIERTO? Los maestros, el gobierno, los científicos, los expertos, etc., y nos hemos conformado con ello. Sin embargo, ese conocimiento es un conocimiento limitado, ¿por qué? Porque es INTERESANTE que la NASA haya descubierto más de 4 mil planetas, y no solo planetas sino galaxias como la "Gran Nube de Magallanes" (GNM) publicada por NATURE, que contiene unas 30.000 millones de estrellas.

Este mismo principio de luz y DESCUBRIMIENTOS debe aplicarse al ser humano, a nuestra vida, en el conocimiento, en la tecnología, en la humanidad, y en el caso de la mujer, aún hay mucho por descubrir. SIN

EMBARGO, LA HUMANIDAD ACTUA como si ya lo supiera todo.

Honestamente, hasta parece absurdo decirlo, pero no hemos descubierto aún el potencial de la mujer, y por eso no le damos IMPORTANCIA. La mujer es más que sexo, más que ser madres, más que ser amiga, esposa, amante, sirvienta, objeto, etc. La mujer es un sexto sentido aun no RECONOCIDO, aceptado ni POSICIONADO donde merece estar.

Es interesante que la educación convencional acepte que hemos ido en progreso desde caminar, correr y volar; pero poca atención se le puso al aspecto digital hasta que se hace evidente que ya no podemos vivir sin ello. De igual manera, nos hemos quedado atrasados en reconocer todos los recursos humanos, potencial e inteligencia adicional, entre ello, a la mujer como tal.

A esto llamo el sexto sentido, la mujer, su inteligencia, su potencial, sus aptitudes total y completamente diferentes al hombre. A pesar de que el hombre y sus conceptos insisten en ser indiferentes a esta gran verdad; la realidad es que hay más sentidos, el sexto sentido femenino es uno de los más importantes provisto por DIOS, para una creación llamada "ayuda idónea", pero que fue rechazada por la sociedad. Qué estupidez más cruel quien manifieste indiferencia a la mujer.

La Dra. Anna Arnaiz Kompanietz escribió un artículo en el diario El País de México, en el que resaltó algunas de las aptitudes femeninas.

Para empezar, la piel de las mujeres es más delgada, lo que hace que posean una mayor sensibilidad al tacto y al peso. Las mujeres sienten muchas más cosas que los hombres cuando tocan, incluso pueden percibir con mayor intensidad las emociones de las personas a las que tocan.

Las mujeres suelen ser más sensibles a los olores, y el olfato de las mujeres se agudiza durante algunos días de su ciclo natural, como, por ejemplo, durante el embarazo y la ovulación.

El oído de las mujeres es capaz de escuchar a varias personas a la vez. Además, son más sensibles a distintas tonalidades de la voz, por lo que son más hábiles para percatarse de los cambios emocionales en aquellas personas con las que conversan.

Por último, la visión de las mujeres es mucho más eficiente para distinguir los matices de algunos colores; por ejemplo, las damas pueden distinguir fácilmente el "verde manzana" del "verde pistacho" y muchas no entienden cómo a los hombres se nos hace tan difícil.

Al mismo tiempo, las mujeres tienen una visión periférica más amplia, con un campo de visión mayor. Por el contrario, los hombres vemos a través de un túnel, pues como buenos cazadores, nos adaptamos para fijar la vista en el objetivo. Por eso, para los hombres es casi imposible fijarse en los gestos de una persona que no estamos viendo directamente; cosa que es común para las damas.

La capacidad sensorial superior de la mujer le proporciona una excepcional ventaja perceptiva en cualquiera que sea su medio relacional.

Por eso te pregunto:

¿Sí eres hombre reconoces a la mujer más que novia, amiga o esposa? ¿Sí eres hijo reconoces a tu madre más que solo eso? ¿Sí eres un familiar reconoces a la mujer como más que hermana, prima o tía? ¿Sí eres creyente reconoces a la mujer más que alguien que va a la iglesia solo a orar o cantar? ¿Sí eres empresario o líder de red reconoces a la mujer más que un número? ¿Sí eres dueño de negocio reconoces a la mujer más que empleada? ¿Si eres un gobernante reconoces a la mujer más que una ciudadana y un voto?

"No te dejes intimidar por lo que no sabes. Esa puede ser tu mayor fuerza y lo que asegurará que hagas cosas diferentes de los demás". (Sara Blakely / Fundadora de Spanx y la mujer billonaria más joven del mundo)

¿Serias honesto en reconocer que te ha intimidado?

Liderazgo 5.1

Por lo menos en teoría se acepta que existe mujer y hombre, para bien o para mal. Pero más para mal que para bien, en nuestra cultura solo es aceptado el hombre como el héroe de la película, EL HOMBRE LÍDER, que solo él puede dirigir, proveer, educar, influenciar y solucionar. ¡Paradigmas que deben ser actualizados!

La gran mentira que la sociedad ha digerido es que es mejor mantenerse bajo la dirección del hombre; pero ya pasado el tiempo de la ignorancia, ya viviendo en tiempo de las luces y de grandes avances, se reconoce NO A LA MUJER, pero sí la necesidad de RECONOCER A LA MUJER según las Naciones Unidas, líderes políticos, corporaciones, pastores, mentores, activistas y las famosas organizaciones feministas.

Entre ellas está la Alianza Internacional de Mujeres, SlutWalk, Asociación Europea de Mujeres en la Investigación Teológica, Asociación para los Derechos de las Mujeres y el Desarrollo, Femen, FEMNET, Liga Internacional de Mujeres por la Paz y la Libertad, Mujeres de Negro, Pan y Rosas, Women's Link Worldwide, y Red de Mujeres Transformando la Economía. ¿Qué han logrado? ¿Dónde está el impacto local, nacional e internacional? Bla, bla, bla.

Pero la cruda verdad y REALIDAD es que estamos muy atrasados en aceptar a la mujer cómo parte de nuestra existencia y SOCIEDAD como parte integral.

¿Qué hace que las mujeres sean buenos líderes? Para empezar, las mujeres suelen ser mejores en la comunicación y en las relaciones interpersonales. Esto se debe a que son capaces de adaptarse a los climas emocionales, pues para una mujer es mucho más fácil generar empatía y resolver conflictos.

Además de tenerAZ un liderazgo más activo, las damas tienden a ser mucho más democráticas. Esto se traduce en un estilo de liderazgo más persuasivo, con una asertividad más efectiva. Las damas se interesan por oír todos los puntos de vista y crear un consenso abierto cuando están al mando de una organización.

Lamentablemente, aún estamos días luz lejos de vivir IGUALDAD como humanos, IGUALDAD EN POTENCIA, IGUALDAD en ayuda para una mejor sociedad. Cuando aceptemos a la mujer y le demos su lugar en la mesa de negocios, en la iglesia, en el gobierno, en las escuelas y en los comités; veremos UNA NUEVA ERA de liderazgo y avance mundial en todas las áreas. Hacer esto es el camino y campo hacia el liderazgo 5.1

Tanto el liderazgo, la influencia y el progreso humano será incompleto hasta qué invitemos de manera consciente y voluntaria a la mujer a ser parte del liderazgo; un liderazgo completo, INTELIGENTE y es a esto que le llama LIDERAZGO 5.1, según el Dr Mateusz Grzesiak mentor corporativo, quien es el Tony Robbins de Europa.

Toma nota, en Agosto de 2021, que vivimos los problemas internacionales de Afganistán, no solo sufre nuestro gobierno, nuestros ciudadanos norteamericanos y los afganos que son colaboradores; sino los niños y las mujeres afganas por las que las organizaciones feministas y líderes gubernamentales aún NO SE HAN DECLARADO A FAVOR DE ELLAS. Como sociedad, ¿cuánto de verdad creemos en la mujer, su potencial, su liderazgo e inteligencia?

En tu caso como hombre, ¿cuántas veces has delegado algo en una mujer SIN PREOCUPARTE?

Hasta que no dejemos que la mujer sea parte, hasta que no incluyamos a la mujer como parte integral, no tendremos un liderazgo completo, sabio y balanceado, hasta entonces nacerá el liderazgo versión 5.1.

Esta es nuestra oportunidad de darle el espacio. Empieza aquí y es ahora.

"Siempre he hecho algo para lo que no estaba preparada del todo. Creo que así es como se crece. Si en algún momento piensas "Vaya, no sé si podré hacer esto" y superas esos momentos, es cuando mayores logros conseguirás". (Marissa Mayer / Directora ejecutiva de Yahoo)

¿Qué crees que no puedes hacer? ¡Hazlo!

La necesidad

Hablamos mucho de igualdad, y leyes a favor y en apoyo a la mujer, pero la poca presencia de mujeres dirigiendo corporaciones, congresos, liderazgos, comités, e iglesias demuestran que hay más necesidad de actuar que de hablar. Hay una gran necesidad de su presencia. Démosle UN LUGAR.

La falta de suplir esta necesidad, creo que es una de las razones de tantos desajustes, pleitos y desbalances en la sociedad, hogar, iglesias y negocios. Cuando esta injusticia sea corregida avanzaremos a otros niveles de felicidad, logros y resultados. Por eso, desarraiguemos esta necesidad y alumbremos la lámpara del ser humano.

Por eso, te invito a formar parte de las mujeres de éxito que necesitamos en Latinoamérica.

Con ese objetivo, queremos compartir algunas recomendaciones para que más mujeres se sumen a la lista de líderes femeninos que están luchando por cambiar al mundo:

Sé más flexible, observa y aprende nuevas habilidades que te conviertan en una líder más útil en tu empresa.

Construye una marca personal. Piensa en cómo quieres que los demás te perciban y empieza a crear tu marca alrededor de esa idea. Usa para ello tu imagen personal y tus redes sociales. Esto te permitirá diferenciarte de los demás.

Conviértete en un ejemplo y una fuente de inspiración para un cambio positivo. Usa tus capacidades de comunicación y tu empatía para inspirar el cambio positivo dentro de tu empresa.

Atrévete a salir de tu zona de confort. No permitas que tus miedos o tus inseguridades te detengan. Levanta la mano y forma parte de la solución. Para que los demás confíen en tus capacidades, tú debes confiar el ellas.

Construye una sólida red de contactos profesionales que te apoye tanto dentro como fuera de la empresa. Busca asesoramiento constante, rodéate de buenos consejeros y consejeras.

Deja salir a la líder que hay dentro de cada mujer.

"Son nuestras decisiones las que realmente muestran cómo somos mucho más allá de nuestras habilidades". (J.K. Rowling / Autora de la saga Harry Potter)

¿Qué decisión debes tomar ahora?

Sí se puede

El mucho hablar no ha ayudado mucho a la mujer, las leyes a su favor no han permitido su reconocimiento y progreso. Hay una gran necesidad de arrebatar lo que es suyo. Sí SE PUEDE y debe hacerlo AHORA.

¿Por qué es tan importante que le demos poder a las mujeres?

Porque nuestra sociedad necesita del equilibrio que proviene de una fuerte presencia femenina en el liderazgo. Es indispensable que las mujeres puedan empezar a participar en el diálogo y la toma de decisiones en igualdad de condiciones, para que ellas también puedan determinar su futuro.

Además, nuestra sociedad necesita que las mujeres participen en la toma de decisiones en todos los niveles de la actividad económica para construir economías fuertes en sus países, y alcanzar los objetivos de desarrollo, sostenibilidad y derechos humanos que resulten en una mejora significativa en la calidad de vida de las personas.

La Organización de las Naciones Unidas (ONU) ha señalado que los diversos estudios han demostrado que cuando se incrementa de forma significativa la proporción de los ingresos de los hogares que son administrados por las mujeres, de inmediato se modifican los patrones económicos de tal forma que se beneficia toda la economía.

Por eso, ONU Mujeres y el Pacto Mundial de las Naciones Unidas, publicaron los 7 Principios para el empoderamiento de las mujeres. Estos principios son los siguientes:

1. Promover la igualdad de género al más alto nivel de dirección.

2. Tratar a hombres y mujeres de forma igualitaria en el trabajo.

3. Respetar y defender los derechos humanos y la no discriminación.

4. Velar por la salud, la seguridad y el bienestar de los trabajadores y trabajadoras.

5. Promover la educación, la formación y el desarrollo profesional de las mujeres.

6. Llevar a cabo prácticas de desarrollo empresarial, cadena de suministro y mercadotecnia a favor del empoderamiento de las mujeres.

7. Evaluar y difundir los progresos realizados a favor de la igualdad de género.

Los que sí reconocemos y sabemos del beneficio potencial del liderazgo equilibrado que resulta de la inclusión de la mujer, tenemos el deber de colaborar activamente para este fin.

POR ESO EN MMEC hemos creado una plataforma para la educación en favor de la mujer por medio de una organización hermana llamada "Mujer de Éxito", con el fin de que la mujer descubra y pueda activar liderazgo, proveyéndole recursos, oportunidades y liderazgo que la lleven a ser libre, feliz y exitosa.

CON ESTE LIBRO nuestra propuesta es que tú mujer; primero reconozcas tu existencia, reconozcas tu potencial, reconozcas tu liderazgo y sobre todo reconozcas que sin ti el mundo no puede existir, y por lo tanto DECIDAS TOMAR TU LUGAR HOY. DECIDAS

DÓNDE ESTARÁS ACTIVA PARA AVANZAR EN ESTA VERDAD.

También te propongo que dejes de pedir permiso para ser feliz, para liderar, y conscientemente seas parte de una completa sociedad con tus habilidades e inteligencias que tanto hace falta en este mundo.

¡Sí se PUEDE y debes HACERLO AHORA!

"La pregunta no es quién me lo va a permitir, sino quién va a detenerme".
(Ayn Rand / Novelista y filósofa)

¿Cuál es el reto que dominaras?

Posicionarse

La aprobación de quien ERES empieza contigo, no con los demás. Esperar que las cosas mejoren en tu familia, iglesia, comunidad, negocio, empleo, universidad o en el gobierno por aprobación de otros podría llevar siglos tal y como hemos visto en los últimos siglos.

Creo es un don divino cada potencial, creo que es voluntad divina la existencia de cada humano, y por lo tanto, CREO es por ley universal que la mujer sea parte de todo lo que necesita el mundo, PERO para ello tú debes decidir POSICIONARTE HOY.

Lo que estoy diciendo es que no cambiará mucho el mundo, o la empresa, o la familia hasta que la mujer decida tomar su lugar con o sin permiso y casi siempre todo lo bueno es sin permiso de los demás.

Un buen ejemplo de una mujer que logró sus metas en la vida con o sin permiso fue el de Sophie Germain:

En plena Revolución Francesa, en 1789 la joven Germain, de 13 años de edad descubrió en los libros de la biblioteca de su padre la historia de Arquímedes, el gran matemático, y quedó fascinada.

Aunque tenía mucho talento para las matemáticas, la joven Germain tuvo que aprender por su cuenta; debido a que a las mujeres no se les permitía inscribirse en las universidades para cursar carreras científicas.

De hecho, sus padres se oponían a su fascinación por las matemáticas; llegando a confiscarle las velas e incluso la ropa para persuadirla de que dejara de estudiar matemáticas.

Por eso, por las noches, mientras sus padres dormían, Sophie estudiaba. Finalmente, sus padres se vieron obligados a ceder y empezaron a apoyarle para estudiar en casa.

Cuando cumplió 18 años, Sophie tuvo acceso a los apuntes de las clases del eminente profesor Joseph-Louis Lagrange, de la Escuela Politécnica de París. Ella estudió esos apuntes y al final del curso le envió un trabajo académico al docente francés; pero lo firmó con el seudónimo de Monsieur Antoine-August LeBlanc.

El profesor Lagrange estaba muy impresionado con las respuestas extraordinarias de este joven LeBlanc, que en realidad era Sophie. Así que decidió invitarlo para conversar sobre matemáticas. Sophie era tan valiente que aceptó la invitación.

Cuando el profesor descubrió que LeBlanc era en realidad una mujer, sintió mucho respeto y admiración por su trabajo, y se convirtió en un mentor para la joven, enseñándole por correspondencia.

Tiempo después, uno de los matemáticos más brillantes de la historia, Carl Friedrich Gauss, considerado leyó algunos de los trabajos de Sophie y quedó admirado.

Así que Sophie empezó a intercambiar correspondencia con Gauss, pero ella firmaba como LeBlanc.

Sophie Germain cumplió su sueño, pero lo hizo porque estaba decidida a tomar su lugar con o sin permiso.

Los matemáticos y físicos de hoy elogian el trabajo de Sophie Germain.

"Si es una buena idea, continúa y llévala a término. Es mucho más fácil pedir disculpas que conseguir el permiso necesario". (Grace Hopper)

Te reto a que te POSICIONES AHORA. ESTA ES TU OPORTUNIDAD. Toma PASICION.

"Sea lo que sea que quieras en la vida, siempre habrá otra persona que también lo quiera. Cree lo suficiente en ti mismo para aceptar que tú tienes el mismo derecho que los demás para conseguirlo". (Diane Sawyer / Presentadora de televisión)

¿Qué es lo que quieres en tu vida?

Su oportunidad

Gracias a los avances tecnológicos y a los despertares sociales, esta es LA ERA en la que tú, mujer que me lees; tienes a tu favor LA OPORTUNIDAD de tu vida, una oportunidad única de POSICIONARTE Y VIVIR TUS SUEÑOS.

HOY ES tu oportunidad de usar tus talentos y proveer de lo que es tuyo a la sociedad.

Si esperas podría ser tarde para ti, y los hombres inconscientes seguirán evitando QUE tú seas tú y contribuyas a una sociedad que está grandemente necesitada de tu presencia.

Hay un ejemplo en la historia de una mujer que aprovechó la oportunidad única de POSICIONARSE Y VIVIR SU SUEÑO, ella se llamaba: Margaret Ann Bulkley.

Margaret quería ser cirujana, pero en ese tiempo era imposible que una mujer estudiara medicina. Así que Margaret decidió hacerse pasar por hombre para conseguir ir a la universidad.

Margaret asumió el nombre de James Barry, y fue aceptada en la Universidad de Edimburgo. Se graduó de Medicina en el año 1812. Nadie a su alrededor sospechaba que pudiera ser una mujer.

Con el nombre de James Barry, Margaret trabajó como médico para el ejército británico, asistió a las tropas en la Batalla de Waterloo, y sirvió en las colonias británicas, la India y Sudáfrica.

En Sudáfrica, Margaret realizó una de las primeras cesáreas de las que se tiene constancia, y en su honor, el niño fue bautizado con el nombre de James Barry Munnik.

Margaret murió en 1865, y fue en ese momento que los encargados de preparar el cadáver se percataron de que en realidad era una mujer.

Margaret vivió la vida que escogió vivir, y no la que otros escogieron para ella.

Hoy en día, las mujeres pueden estudiar medicina, pero se les niega el acceso a algunos puestos de liderazgo. Así que tú también debes hacer lo necesario para alcanzar tus sueños, aunque los demás digan que tú no podrás lograrlo.

"He aprendido a aceptar el reto de hacer cosas que nunca antes he hecho. Crecer como persona y la comodidad nunca pueden coexistir juntos". (Virginia Rometty / Directora ejecutiva de IBM)

¿Has aprendido hacer lo que has creído que no puedes hacer?

AME

A=Análisis
M=Mujer
E=Éxito

¿Cuál es mi potencial?

_____
_____
_____
_____
_____
_____
_____
_____
_____
_____

¿Reconozco o no reconozco mi existencia?

_____

_____

_____

_____

¿Qué creo de mi hoy?

_____

_____

_____

_____

_____

_____

_____

_____

_____

_____

_____

_____

¿Le pondré un alto al abuso o a esta persona?

_____

_____

_____

_____

_____

_____

_____

_____

_____

¿Cuál es mi visión de vida?

_____

_____

_____

_____

_____

_____

_____

¿Qué legado deseo dejar?

_____

_____

_____

_____

_____

_____

_____

_____

_____

¿Retos qué debo superar son?

_____

_____

_____

_____

_____

_____

_____

_____

_____

Quiero Posicionarme en las siguientes
áreas:

_____
_____
_____
_____
_____
_____
_____
_____
_____

Como mujer haré presencia en:

_____
_____
_____
_____
_____
_____
_____
_____
_____

Nunca más me quejaré de:

_____

_____

_____

_____

_____

_____

_____

_____

_____

_____

Las **101** mujeres que han sacado CABEZA

En una encuesta anual de BBC History se preguntó a expertos en 10 campos diferentes cuáles serían para ellos las 10 mujeres de mayor impacto en la historia mundial. Te compartimos aquí en este libro el listado de esas mujeres de éxito.

En seguida las 100 mujeres que cambiaron el mundo, según la prestigiosa revista británica.

Te sugerimos que al leerlas hagas lo siguiente:

- Busca la biografía más extensa de cada una.

- Haz preguntas relacionadas a tu situación o búsqueda en la vida.
- Comparte con alguien lo que aprendes sobre ellas; hacer esto despierta consciencia del potencial de la mujer aún por ser ACTIVADO.

1. Marie Curie, 1867-1934. Fue una científica pionera en el campo de la radiactividad. También fue la primera persona en recibir dos premios Nobel en distintas especialidades, uno en física y el otro en química; y fue la primera mujer en ocupar el puesto de profesora en la Universidad de París.

2. Rosa Parks, 1913-2005 Esta hija de una maestra y de un carpintero creció en el corazón del sur racista de los Estados Unidos en plenos años de leyes y costumbres de segregación. Ella se hizo famosa por su valentía el día 1 de diciembre de 1955 en

Montgomery, Alabama; cuando se negó a cederle su asiento a un hombre blanco y a moverse a la parte trasera del autobús como debían hacer las personas de color en ese tiempo.

3. Emmeline Pankhurst, 1858–1928. En un tiempo en el que las mujeres británicas no tenían derecho al voto, Emmeline se convirtió en la líder del movimiento sufragista, y ayudó a las mujeres a ganar el derecho a votar en Gran Bretaña.

4. Ada Lovelace, 1815–1852. Aunque Silicon Valley se destaca por la fuerte impronta sexista de su cultura, la primera programadora fue mujer. Ada fue una matemática que se hizo célebre por su trabajo acerca de la calculadora de uso general. Entre sus notas sobre la máquina, se encuentra lo que se reconoce hoy como el primer algoritmo destinado a ser procesado

por una máquina, por lo que Ada fue la primera programadora de ordenadores del mundo.

5. Rosalind Franklin, 1920–1958, fue una química y cristalógrafa británica. Investigó la estructura del carbón y de los virus, y ese trabajo fue reconocido en vida. Aunque también participó en el descubrimiento de la estructura del ADN, su muerte prematura le impidió recibir ese reconocimiento.

6. Margaret Thatcher, 1925–2013, fue la Primera Ministra del Reino Unido desde 1979 a 1990, siendo la primera mujer que ocupó este puesto en la historia de su país. Era conocida como "la Dama de Hierro".

7. Angela Burdett-Coutts, 1814–1906, fue una millonaria británica que gastó la mayor parte de su riqueza en becas, donaciones y una amplia gama de causas filantrópicas. Una de sus

primeras donaciones fue fundar junto al escritor Charles Dickens un hogar para mujeres jóvenes que era conocida como "Urania Cottage". Su gran labor filantrópica fue reconocida por la Reina Victoria al ser nombrada como la primera baronesa Burdett-Coutts.

8. Mary Wollstonecraft, 1759–1797, fue una escritora y filósofa inglesa. Fue una de las pocas mujeres en ser capaz de establecerse como escritora profesional e independiente en la Londres del siglo XVIII.

Su obra más conocida es "Vindicación de los derechos de la mujer" (1792), en la que se adelanta a su tiempo al argumentar que las mujeres no son inferiores al hombre, sino que parecen serlo porque no reciben la misma educación. Esta obra fue el emblema del movimiento feminista.

9. Florence Nightingale, 1820–1910, luchó contra los prejuicios de su época. Es considerada precursora de la enfermería profesional y creadora del primer modelo de enfermería; pues en 1860, creó la escuela de enfermería en el hospital Saint Thomas y su trabajo inspiró los comienzos de la Cruz Roja.

10. Marie Stopes, 1880–1958 Esta paleobotánica escocesa, polémica por sus concepciones sobre la eugenesia, fue una pionera del control de la natalidad y fue la primera académica femenina en la facultad de la Universidad de Manchester. Abrió la primera clínica concebida para difundir los métodos anticonceptivos en un barrio de trabajadores al norte de Londres, en 1921.

11. Leonor de Aquitania, 1122–1204 Era conocida como la duquesa de Aquitania y Guyena y condesa de

Gascuña, fue una de las mujeres más ricas de la Edad Media. Siendo muy joven se convertiría en reina de Francia y tiempo después también sería reina de Inglaterra.

12. Virgen María, Siglo I aC-Siglo I de la era moderna. Tanto cristianos como musulmanes veneran a quien fuera la madre de Jesús, y por eso es probablemente la mujer más famosa de la historia. El Nuevo Testamento elucida detalles de su vida.

13. Jane Austen, 1775–1817, fue una escritora británica que a los 20 años de edad empezó a escribir una novela llamada "Orgullo y prejuicio", que llegaría a ser una de sus novelas más famosas, y una de las primeras comedias románticas de la historia.

14. Boudicca, alrededor de 30–61 La reina guerrera de los icenos durante la ocupación romana de Britania,

Boudicca, fue la guía de varias tribus en una revuelta celta contra el mando del emperador Nerón. Llegó a estar a cargo de 100.000 hombres.

15. Diana, princesa de Gales, 1961–1997, también conocida como "Lady Di", fue la primera esposa del príncipe Carlos, el hijo mayor de la reina Isabel II, con quien tuvo dos hijos. Su valiente activismo por los derechos humanos y el glamour de Diana la convirtieron en icono internacional.

16. Amelia Earhart, 1897-alrededor de 1937, "Amy" fue una valiente aviadora estadounidense, célebre por sus records de vuelo. En octubre de 1922 consiguió su primer récord de altitud al volar a 14.000 pies (4.267 metros) de altura.

Amelia intentó el primer viaje aéreo alrededor del mundo, pero perdió la vida en el intento. En una carta a su esposo George, escribió lo siguiente: "Por favor, debes saber que soy consciente de los peligros, quiero hacerlo porque lo deseo. Las mujeres deben intentar hacer cosas como lo han hecho los hombres."

17. Victoria, 1819-1901, reina de Inglaterra. Su reinado fue el segundo más largo de la historia del Reino Unido, duró de 63 años y 216 días. Solo ha sido superado por el de su tataranieta, la reina Isabel II.

18. Josephine Butler, 1828-1906, fue una reformista social feminista que trabajó para ayudar a las mujeres durante la Era Victoriana.

19. Mary Seacole, 1805-1881, fue una enfermera de origen jamaicano. Cuando estalló la guerra de Crimea, Mary aplicó en la Oficina de Guerra para brindar asistencia a los soldados, pero fue rechazada.

Sin embargo, Mary no se dio por vencida, viajó por su cuenta y estableció un hotel detrás de las líneas de batalla, donde asistía a los heridos.

20. Madre Teresa, 1910-97, fue una monja católica de origen albanés que se naturalizó en la India, y fundó la "Congregación de las Misioneras de la Caridad" en Calcuta, en 1950. Durante más de 45 años la Madre Teresa atendió a personas pobres, enfermas y moribundas, así como a muchos niños huérfanos.

21. Mary Shelley, 1797-1851, fue una escritora británica que ganó reconocimiento mundial por su novela "Frankenstein" (1818), que es considerada la primera novela de ciencia ficción moderna.

22. Catalina la Grande, 1729-1796, fue la emperatriz reinante del Imperio Ruso durante 34 años.

23. Vera Atkins, 1908-2000, fue una oficial de inteligencia conocida como "La maestra". Ella fue una espía británica de origen rumano durante la Segunda Guerra Mundial.

24. Cleopatra, 69 aC-30 aC., fue reina de Egipto. Durante un tiempo tuvo un romance con Julio César, pero a la muerte de este, empezó el conocido romance entre Cleopatra y Marco Antonio, que terminó de forma trágica.

25. Elizabeth Fry, 1780-1845, fue una activista y enfermera que trabajó para impulsar una legislación que diera un tratamiento más humano a las mujeres en las cárceles de Inglaterra y de toda Europa.

26. Mary Anning, 1799-1847, fue la primera mujer en ser reconocida como paleontóloga. Además, fue una coleccionista y comerciante de fósiles

conocida en todo el mundo. Gracias a su trabajo, la comunidad científica cambió su manera de entender la vida prehistórica y la historia de la Tierra.

27. Juana de Arco, 1412-1431, fue una militar y mártir francesa. También era conocida como la "Doncella de Orleans". En Francia es considerada una heroína debido al papel que desempeñó durante la fase final de la Guerra de los Cien Años.

28. Isabel I de Castilla, 1451-1504, fue reina de Castilla desde 1474 hasta 1504. Se la conoce también como "Isabel la Católica", título que le fue otorgado a ella y a su marido por el papa Alejandro VI. Isabel y Fernando financiaron la expedición de Cristóbal Colón en 1492.

29. Catalina de Siena, 1347-1380, fue una predicadora, escritora, filósofa, teóloga y santa italiana. Es una santa

muy venerada y popular en fundaciones, iglesias y santuarios de la Orden Dominica.

30. Wangari Maathai, 1940-2011, fue la primera mujer africana en recibir el Premio Nobel de la Paz en 2004. En 1977 fundó el Movimiento Cinturón Verde, por el que obtuvo el Premio al Sustento Bien Ganado en 1986. Maathai fue también la primera mujer de África Oriental en obtener un doctorado.

31. Virginia Woolf, 1882-1941, fue una escritora británica de novelas, cuentos y obras teatrales. Entre sus obras más famosas está su breve ensayo "Una habitación propia" (1929), que es considerado una obra feminista.

32. Simone de Beauvoir, 1908-1986, Fue una escritora y filósofa que luchaba por la igualdad de derechos para la mujer. Su obra "El segundo

sexo", se considera fundamental en la historia del feminismo.

33. Grace Hopper, 1906-1992, fue una militar que además era científica de la computación con grado de contraalmirante. Entre las décadas de los 50 y 60, Grace desarrolló el primer compilador para un lenguaje de programación.

34. Frida Kahlo, 1907-1954, fue una pintora mexicana que ha llegado a ser reconocida como icono pop de la cultura mexicana. Su esposo era Diego Rivera, un artista plástico muy reconocido; pero la fama de Frida ha sobrepasado a la de su esposo.

35. Teodora, alrededor de 497-548, fue una emperatriz bizantina, esposa del emperador Justiniano I. Ella era muy popular y poderosa, se cree que fue la mujer más influyente y poderosa en la historia del Imperio bizantino.

36. Hipatia, alrededor de 355-415, nacida en Egipto, fue una de las primeras mujeres matemáticas de la historia, además de una destacada filósofa, astrónoma y maestra neoplatónica.

37. Eleanor Rathbone, 1872-1946, fue una política y benefactora británica, que en 1919 llegó a ser miembro independiente del parlamento británico y activista en defensa de los derechos de las mujeres.

38. Sacagawea, 1788-1812, fue una mujer indígena perteneciente a la tribu shoshone que acompañó, guio y sirvió de intérprete a la Expedición de Lewis y Clark en su exploración de la parte oeste de los Estados Unidos.

39. Nellie Bly, 1864-1922, en realidad se llamaba Elizabeth Jane Cochran, y gracias a su audacia se convirtió en la primera reportera de periodismo de

investigación y fue pionera del periodismo encubierto.

40. Lise Meitner, 1878-1968, fue una científica austriaca que contribuyó a los descubrimientos del elemento protactinio y la fisión nuclear.

41. Catalina de Medici, 1519-1589, fue reina de Francia desde 1547 hasta 1559. A la muerte de su esposo, el rey Enrique, Catalina tuvo que asesorar a sus tres hijos que consecutivamente ocuparon el trono.

42. Isabella Bird, 1831-1904, fue una exploradora, escritora, fotógrafa, naturalista y enfermera inglesa. Ella junto a Fanny Jane Butler fundó el hospital John Bishop Memorial.

43. Bessie Coleman, 1892-1926, fue la primera mujer afroamericana en llegar a ser piloto y la primera persona de ascendencia afroestadounidense que

obtuvo una licencia internacional de piloto.

44. Aphra Behn, 1640-1689, fue una dramaturga, poeta escritora y espía británica. Entre sus novelas se destaca Oroonoko o El esclavo real (1688), que se considera la primera novela antiesclavista.

45. Coco Chanel, 1883-1971, es el nombre que adoptó Gabrielle Chanel, una de las diseñadoras de moda más reconocidas de la historia, y quien es la fundadora de la marca Chanel.

46. Artemisia Gentileschi, 1593-1652, fue la primera mujer en hacerse miembro de la Accademia di Arte del Disegno de Florencia, y como pintora tuvo una clientela internacional.

47. Zora Neale Hurston, 1891-1960, fue una antropóloga y escritora folklorista afroamericana. A Zora se le

considera una de las figuras más importantes del Renacimiento de Harlem.

48. Katharine Graham, 1917-2001, fue una periodista estadounidense y desde 1963 fue editora del diario "The Washington Post" hasta su fallecimiento en 2001.

49. Indira Gandhi, 1917-1984, fue una política india que llegó a ser la primera mujer en ser elegida como Primera Ministra de la India entre 1966 y 1977 y nuevamente desde 1980 hasta su muerte en 1984.

50. Gabriela Mistral, 1889-1957, fue una poetisa, diplomática, y profesora chilena. Fue la primera mujer iberoamericana que recibió un premio Nobel, cuando en 1945 lo recibió en el renglón de Literatura.

51. Clara Barton, 1821-1912, fue una profesora, enfermera y humanitaria estadounidense. Clara era un espíritu indomable, pero es especialmente recordada por organizar la Cruz Roja Estadounidense.

52. Anna Akhmatova, 1889-1966, fue una poetisa rusa que con valentía denunciaba en sus escritos las injusticias que se sufrían en la Unión Soviética.

53. Sirimavo Bandaranaike, 1916-2000, fue una política de Sri Lanka que llegó a ser la primera mujer en el mundo en asumir el cargo de primera ministra de un país, en 1960.

Además, fue la primera ministra que permaneció durante más tiempo en el cargo, por dieciocho años, desde 1960 hasta 1965, desde 1970 hasta 1977 y entre 1994 y 2000.

54. Maryam Mirzakhani, 1977-2017, fue una matemática iraní y profesora de matemáticas en la Universidad de Stanford. En 2014 fue galardonada con la Medalla Fields, siendo la primera mujer en recibir este premio equivalente al Nobel.

55. Marie Van Brittan Brown, 1922-1999, inventó un sistema de vigilancia doméstico que incluía un circuito cerrado de televisión, y por eso se considera que ella lo inventó y registró en 1966, junto a su marido Albert Brown, consiguiendo la patente en 1969.

56. Laura Bassi, 1711-1778, física y académica. Fue la primera mujer en convertirse en miembro de la Academia de Ciencias de Bolonia, Italia.

57. Junko Tabei, 1939-2016, fue una montañista japonesa. Fue la primera

mujer que alcanzó la cima del monte Everest, el 16 de mayo de 1975, y la primera en conquistar las Siete Cumbres.

58. Gertrude Ederle, 1906-2003, fue una nadadora estadounidense que consiguió ser campeona olímpica en 1924 en los 4 x 100 metros.

59. Ethel Smyth, 1858-1944, fue una compositora musical inglesa que tuvo mucho éxito con sus óperas. En 1903 llegó a ser la primera mujer en conseguir que una de sus obras fuese representada en la célebre Ópera Metropolitana de Nueva York. A pesar de sus éxitos como compositora, a Ethel se le recuerda como una de las líderes del movimiento sufragista en favor de la mujer.

60. Emily Hobhouse, 1860-1926, fue una activista social, humanitaria y pacifista británica, que es recordada

por llamar la atención del público británico a fin de cambiar las condiciones de reclusión de las mujeres y niños bóeres Sudáfrica, durante la Segunda guerra bóer.

61. Suzanne Lenglen, 1899-1938, fue una tenista francesa, y la primera mujer en convertirse en tenista profesional. Llegó a ser campeona olímpica, y obtuvo 31 títulos de Grand Slam.

62. Sarah Breedlove, 1867-1919, fue una exitosa empresaria y filántropa estadounidense, más conocida como Madame C. J. Walker, y es considerada la primera mujer afroamericana en convertirse en millonaria en los Estados Unidos.

Sarah hizo fortuna desarrollando y vendiendo una línea de productos de belleza para mujeres negras con la compañía que fundó, la Madame C.J. Walker Manufacturing Company.

63. Rachael Heyhoe Flint, 1939-2017, fue una empresaria, jugadora de críquet, y filántropa inglesa. Fue más conocida por ser la capitana del equipo de Inglaterra desde 1966 hasta 1978. En total, jugó en el equipo de críquet femenino inglés desde 1960 a 1982.

64. Débora, alrededor del siglo XII aC, profetisa y juez bíblica del Libro de los Jueces. Ella demostró valentía al acompañar al juez Barac a la batalla.

65. Mary Somerville, 1780-1872, fue una brillante matemática, astrónoma y divulgadora científica escocesa autodidacta. En una época en la que las mujeres apenas tenían acceso a la ciencia, Mary hizo que la astronomía fuese popular y escribió multitud de ensayos.

66. Martina Bergman-Österberg, 1849-1915, fue una instructora de educación física nacida en Suecia y defensora del sufragio femenino en el Reino Unido. Después de estudiar gimnasia en Estocolmo, se mudó a Londres, donde fundó la primera universidad de instructores de educación física en Inglaterra, en la que solo se admitían mujeres.

67. Marie Marvingt, 1875-1963, fue una atleta francesa, montañista, aviadora y periodista. Ganó numerosos premios por sus logros deportivos, incluidos los de natación, ciclismo, alpinismo, deportes de invierno, vuelo en globo y en avión, equitación, gimnasia, atletismo, tiro con rifle y esgrima.

68. Maria Merian, 1647-1717, fue una científica precursora de la ciencia que llegaría a llamarse entomología.

Además fue naturalista, exploradora, ilustradora científica y pintora.

69. Lottie Dod, 1871-1960. Según el libro Guinness de los récords mundiales, Lottie es, junto con Babe Zaharias, las deportistas más versátiles de todos los tiempos. Lottie fue la vencedora de Wimbledon más joven de la historia, en 1887, con solo 16 años. Además, ganó el British Ladies Amateur Golf Championship, jugó en el equipo nacional de hockey del Reino Unido y ganó la medalla de plata en tiro con arco en los Juegos Olímpicos de 1908.

70. Joan Robinson, 1903-1983, fue una economista inglesa que supo reunir elementos de las más diversas escuelas económicas; oponiéndose a las corrientes ortodoxas dominantes en la economía del siglo XX.

71. George Eliot, 1819-1880, era en realidad la novelista y poeta Mary Ann Evans.

72. Cixí, 1835-1908, emperatriz del Imperio Chino durante 47 años.

73. Andrea Dworkin, 1946-2005, fue una activista y escritora feminista radical estadounidense. Después de sufrir violencia de género por parte de su primer marido, Andrea se convirtió en activista y finalmente publicó 10 libros sobre feminismo.

74. Alice Milliat, 1884-1957, fue una pionera del deporte femenino en todo el mundo. Se le atribuye el mérito de haber encendido la presión sobre el Comité Olímpico para que permitieran mayor participación femenina en más deportes.

75. Wilma Rudolph, 1940-1994, fue campeona olímpica en carrera de 100

metros, 200 metros y relevo 4 por 100 metros.

76. Sonja Henie, 1912-1969, fue campeona olímpica de patinaje sobre hielo y actriz.

77. Sarojini Naidu, 1879-1949, fue una activista por la independencia de la India y poetiza. Es conocida por el sobrenombre del Ruiseñor de India.

78. Ruth Handler, 1916-2002, fue una empresaria, inventora y presidenta de la empresa de juguetes Mattel, Inc. Es recordada por su papel en la dirección del marketing de la muñeca Barbie.

79. Murasaki Shikibu, alrededor de 978-1016, escritora, autora de la primera novela japonesa, Genji Monogatari.

80. Maria Bochkareva, 1889-1920, más conocida por el apodo de Yashka, fue una militar rusa que combatió en la

Primera Guerra Mundial con tal valentía, que formó un batallón que era integrado exclusivamente por mujeres.

81. Lily Parr, 1905-1978, futbolista profesional. En 2002 se convirtió en la primera mujer en ganar un lugar en el Salón de la Fama del fútbol inglés en el National Football Museum.

82. Helen Gwynne-Vaughan, 1879-1967, fue comandante del Women's Royal Air Force desde septiembre de 1918 hasta diciembre de 1919.. Por su servicio se convirtió en la primera mujer en recibir un galardón militar CBE en 1918.

83. Gwen John, 1876-1939, fue una artista galesa que se hizo famosa en Francia porque la mayoría de sus obras eran retratos de mujeres anónimas.

84. Fanny Burney, 1752-1840, novelista y dramaturga. Las novelas de Burney reflejaban las dificultades de sus jóvenes damas protagonistas, al tratar de abrirse paso en la sociedad machista de su tiempo.

85. Fanny Blankers-Koen, 1918-2004, fue una atleta neerlandesa, que en 1948, cuando tenía 30 años, ya era madre y además con tres meses de embarazo, ganó cuatro medallas de oro en los Juegos Olímpicos de Londres de 1948.

86. Estée Lauder, 1908-2004, fue la fundadora de la conocida empresa de cosméticos Estée Lauder Companies. El 16 de enero de 1978 se convirtió en la primera mujer estadounidense en ser condecorada con la Legión de Honor, en grado de caballero.

87. Elinor Ostrom, 1933-2012, fue una destacada economista política y

politóloga estadounidense. Fue la primera mujer que ganó el Premio del Banco de Suecia en Ciencias Económicas en memoria de Alfred Nobel en el año 2009.

88. Clara Schumann, 1819-1896, fue una de las grandes concertistas y compositoras europeas del siglo XIX. Empezó a dar conciertos como una niña prodigio del piano, y mantuvo su carrera como pianista por 61 años.

89. Beulah Louise Henry, 1887-1973, fue una inventora estadounidense, apodada en la década de los años 30 como "Lady Edison". Entre sus más de 110 inventos se encuentran la máquina de coser sin bobinas y una máquina congeladora que permitía hacer helados muy rápidamente.

90. Anna Jacobson Schwartz, 1915-2012, fue una destacada economista estadounidense que trabajó para la

Agencia Nacional de Investigación Económica, en la ciudad de Nueva York, y es considerada como una de las monetaristas más importantes del mundo.

91. Aisha, alrededor de 613-678, fue la tercera y más joven de las esposas de Mahoma (Mohamed), y su esposa favorita, debido a que era curiosa, estudiosa e inquisitiva. Ella es la "madre de los creyentes" para los musulmanes sunitas.

92. Yeshe Tsogyal, 757-817, fue una princesa que se convirtió en una figura notable en el budismo tibetano y un modelo a seguir para los budistas del mundo entero. Se le conoce como la madre del budismo tibetano.

93. Susan Sontag, 1933-2004, fue una famosa escritora, novelista, filósofa, ensayista, profesora, directora de cine

y guionista estadounidense de origen judío.

94. Sophie Blanchard, 1778-1819, fue la primera mujer de la historia en llegar a ser aeronauta profesional; realizando 67 vuelos en globo aerostático.

95. Katia Krafft, 1942-1991, fue una valiente vulcanóloga francesa que se hizo famosa por fotografiar y filmar volcanes en erupción a pocos metros de los ríos de lava. Murió en 1991 durante la erupción del Monte Uzen en Japón.

96. Fanny Mendelssohn, 1805-1847, fue una talentosa compositora y pianista. Debido a la condición social de la mujer en su época, varias de sus obras fueron publicadas bajo el nombre de su hermano.

97. Emilie du Châtelet, 1706-1749, era marquesa de Châtelet, y fue una matemática y física francesa, traductora de Newton al francés y difusora de sus teorías.

98. Buchi Emecheta, 1944-2017, fue una escritora nigeriana radicada en el Reino Unido desde 1962, autora de más de 20 libros que tratan sobre la esclavitud, la maternidad, la libertad y la independencia de las mujeres a través de la educación.

99. Annette Kellerman, 1887-1975, fue una nadadora profesional australiana, además de escritora, actriz y emprendedora. Fue una de las primeras mujeres en usar traje de baño de una sola pieza, en lugar de los pantalones que hasta entonces estaban permitidos. Sus bañadores se volvieron tan populares que comenzó su propia línea de ropa.

100. Amrita Priam, 1919-2005, fue una célebre escritora y poetiza india. Es considerada la primera mujer importante de la literatura panyabí.- Publicado por Infobae

Sin embargo, el PUNTO MÁS importante es la Mujer que Sigue:

101. FALTAS TÚ MUJER DE ÉXITO

Escribe tu nombre aquí:

_____

_____

Mujer de Éxito en Evolución Moderna

Mujer, aquí el principio aquí enseñado es que tu potencial siempre está en proceso de evolución.

"Siempre hay algo mejor en ti y para ti."
—Miguel Martin

Deseo que la lista de mujeres que veremos a continuación y sus puntos a resaltar te sirvan de inspiración a cada paso en tu existencia y te conviertas en una mujer legendaria, feliz y productiva, una gladiadora con un legado propio y sin duda una MUJER DE ÉXITO.

1. ANGELA MERKEL

La dama Angela Merkel, logró posicionarse como la mujer más

poderosa del mundo por varios años, se convirtió en la primera mujer Canciller de Alemania en 2005. De esta mujer gladiadora sacamos 3 'ecciones de vida para nuestra mujer de éxito:

- Se puede llegar a ser la mujer más poderosa del mundo
- Encontrar un lugar para presentar tu liderazgo
- Prepararse y desempeñar éxito

"Para triunfar, debes creer en algo con tanta pasión que al final, se convierta en realidad". (Anita Roddick / Fundadora de The Body Shop)

2. CHRISTINE LAGARDE

La dama Christine Lagarde, es una abogada, economista y política francesa que se ha convertido en la primera mujer en dirigir el Banco Central Europeo. El día en el que se hizo efectivo su nombramiento, Christine Lagarde era presidenta del Fondo Monetario Internacional.

De esta mujer gladiadora aprendemos que:

- Las oportunidades están para todas, pero no todas las aprovechan.
- Encuentra tu nicho de liderazgo.
- ¡Tienes que ir por lo tuyo, nadie te lo va dar, nadie!

3. NANCY PELOSI

Esta gran política estadounidense es por segunda vez Presidenta de la Cámara de Representantes. Ella ya había desempeñado ese puesto entre 2007 y 2011. Pelosi se ha convertido en la segunda en la lista de candidatos a la presidencia y la primera mujer en ocupar el cargo de oradora en toda la historia de Estados Unidos. Podemos enfatizar con su historia que:

- No se trata de tener influencia sino dominar tu talento y entonces tener afluencia.
- Hablar en público es un arte que debes dominar para ocupar un puesto grande la historia.
- Siempre hay un lugar entre los hombres, pero tienes que hacer presencia sin importar los obstáculos.

4. URSULA VON DER LEYEN

Exministra de Defensa de Alemania, Ursula Von Der Leyen es ahora la presidenta de la Comisión Europea, convirtiéndose en la primera mujer que desempeña esta posición.

De esta gladiadora aprendemos que:

- Cómo mujer tienes ventajas de inteligencia que los hombres no poseen.
- Planifica tu futuro.
- Dedícate a ganar.

5. MARY BARRA

CEO de GM desde 2014, Mary Barra ha invertido miles de millones en vehículos eléctricos, coches de autoconducción y un servicio de viajes compartidos llamado Maven. Aprendemos de ella que:

- Hay varios tipos de inversiones.
- ¿En qué estás Invirtiendo?
- Marca la diferencia.

6. MELINDA GATES

Melinda Gates mantiene su posición como la mujer más poderosa de la filantropía. Es copresidenta de la Fundación Bill y Melinda Gates, la entidad privada de beneficencia más grande del mundo con un fondo fiduciario de 40.000 millones de dólares con la que ayuda a la humanidad. Las lecciones son:

- Cada quien tiene talentos.
- No te compares con otros.
- Dedícate a lo qué te gusta.

7. ABIGAIL JOHNSON

Abigail Johnson es CEO de la empresa estadounidense Fidelity Investments desde 2014, año en el que tomó el relevo de su padre, Edward C. «Ned» Johnson III. Su abuelo, Edward Johnson II, fundó esta empresa especializada en gestión de activos y fondos de pensiones en 1946. Una gran mujer sin duda de la que aprendemos:

- Sigue legados.
- Especialízate en algo tuyo.
- Tu liderazgo permite CRECIMIENTO y expansión.

8. ANA PATRICIA BOTÍN

Es la presidenta de Banco Santander y la única española de la lista. Bajo su dirección, la entidad financiera adquirió el Banco Popular en 2017 y hoy en día está experimentando una importante transformación en el área tecnológica. Ana Patricia es una gran inspiración para la mujer moderna. De esta gladiadora podemos aprender:

- Pregúntate siempre: ¿Dónde puedo ser la primera?
- Transformación es necesario.
- Aplicación de tecnología es crucial.

9. GINNI ROMETTY

Ginni Rometty fue la primera mujer en dirigir la empresa IBM, desde 2012 hasta marzo de 2020. Ella fue directora, presidenta y CEO de esa empresa multinacional de tecnología y consultoría con sede en Armonk, Nueva York, USA. Ella nos deja como legado que:

- El liderazgo se limita o se extiende.
- Se estratégica.
- Que tu luz brille en lugares de importancia.

10. MARILLYN HEWSON

Ella también fue CEO de Lockheed Martin, y consiguió aumentar el valor de las acciones de la compañía perteneciente al sector de la industria aeroespacial y militar en más de un 300%. Con ella surgen preguntas como:

- ¿En qué se ve tu capacidad?
- ¿Cómo están tus finanzas?
- ¿Cuál es tu éxito?

11. GAIL BOUDREAUX

Gail Boudreaux fue CEO de Anthem. Antes había sido consejera delegada de UnitedHealthcare, la división más grande dentro de UnitedHealth Group. De ella aprendemos que:

- Siempre hay lugares donde existen necesidades.
- Pregúntate: ¿qué puedo proveer a otros?
- El servicio es una característica de la gente exitosa.

12. SUSAN WOJCICKI

Desde el año 2014, esta historiadora estadounidense es la directora ejecutiva de YouTube, sitio web dedicado a compartir vídeos cuyo valor estimado asciende a 500 billones. De ella aprendemos:

- Sí lo deseas, tú también puedes estar en lugares envidiables de liderazgo.

- El precio de tu liderazgo lo pones tú.
- ¿Cómo quieres qué te reconozcan?

13. ISABELLE KOCHER

Kocher es una francesa que fue la directora ejecutiva de la empresa energética Engie desde 2016. De ella podemos aprender:

- ¿Cuál es la visión de ti misma?
- ¿Qué estás dispuesta a hacer para lograr tus objetivos?
- ¿Qué cualidades posees de gente exitosa?

_____

_____

_____

_____

14. SAFRA CATZ

Catz se convirtió en la única mujer en llegar a ser CEO de la Corporación Oracle en septiembre, cuando su coCEO Mark Hurd dimitió un mes antes de fallecer. De esta mujer de éxito podemos aprender:

- Lo malo siempre trae suerte.
- Cuando alguien desaparece, aparecen otros.
- La oportunidad te llamará cuando menos esperas, pero tienes que estar preparada.

15. KRISTALINA GEORGIEVA

Esta economista búlgara y exdirectora ejecutiva del Banco Mundial, es la actual directora gerente del Fondo Monetario Internacional desde octubre de 2019. Una vida que inspira. Sus enseñanzas son:

- Fidelidad en un puesto es la llave para otra posición.

- Tu mentalidad es más grande que tus obstáculos.
- Muchos tienen los títulos pero no tienen el carácter necesario para las posiciones de éxito, RECUÉRDALO.

16. JULIE SWEET

Esta dama es la CEO de Accenture Limited, una empresa multinacional dedicada a la prestación de servicios de consultoría estratégica, servicios tecnológicos y de outsourcing. Su historia nos dice:

- Qué se escribirá de ti.
- Qué historia estás produciendo.
- Cómo quieres que te lean.

17. EMMA WALMSLEY

En abril del 2017, esta empresaria fue nombrada CEO de GlaxoSmithKline. Ella es una gran líder de la industria farmacéutica. Sus lecciones para la mujer de éxito son:

- Nunca te quedes donde llegaste.
- Busca nuevas posiciones.
- Asegúrate de vivir bien y con abundancia en tus cuentas de banco.

18. SHERYL SANDBERG

Como directora de operaciones de Facebook desde 2008, ha logrado subsanar los negativos resultados de la compañía, pasando de contabilizar unas pérdidas de 56 millones de dólares a obtener unas ganancias de 22.100 millones de dólares en 2018.

Además, ha posicionado a Facebook como una plataforma para la publicidad de pequeñas empresas, lo que ha ayudado a incrementar los ingresos por publicidad en un 38% durante el pasado año.

Un plus de esta dama es que empezó una organización específicamente en ayuda a la mujer necesitada llamada LeanIn. Tres grandes observaciones:

- Pregúntate dónde puedes agregar valor.
- La diferencia entre común y profesional depende de ti.
- Lo grandioso muchas veces te está esperando donde menos esperas. El futuro es tuyo.

19. RUTH PORAT

Ruth Porat es directora financiera de Alphabet y su subsidiaria Google. Entre 2010 y 2015, fue CFO y vicepresidente ejecutivo de Morgan Stanley. Estas son las lecciones que aprendemos de ella:

- La regla de posición, es no estancarse.

- Regla de éxito: puede que ganes o avances.
- Exígete el doble y lo demás que deseas vendrá a ti

20. OPRAH WINFREY

La estadounidense Oprah Winfrey es periodista, productora, presentadora de televisión, filántropa, empresaria, actriz y crítica de libros. Su espacio The Oprah Winfrey Show, fue el programa de entrevistas más visto en la historia de la televisión, y estuvo en antena por 25 años. Extremadamente exitosa. Ella nos enseña lo siguiente:

- Tu pasado jamás puede dominar tu presente.
- Tú pones el nivel de tu potencial.
- Cuánto quieres lograr DEPENDE DE TI.

21. JUDITH McKENNA

Judith McKenna es la directora ejecutiva del gigante minorista Walmart Internacional desde 2018, dirigiendo más de 6.000 tiendas minoristas y 700.000 asociados en 26 países.

- ESCRIBE HOY EN QUÉ MULTINACIONAL DESEAS TRABAJAR O REPRESENTAR.
- RETA TU POTENCIAL.
- ESCRIBE LOS MILLONES QUE DESEAS GANAR.

22. JESSICA TAN

Licenciada en ingeniería por el MIT, Jessica Tan se unió a Ping An en 2013 como CIO del grupo asegurador. En 2018 fue nombrada co-CEO de la compañía. En sus comienzos fue socia de McKinsey. De ella aprendemos:

- ¿Quién es tu socio?

- Tus debilidades deben ser escalones para tu éxito.
- Si otros pueden, recuerda que si estás leyendo esto, tú también PUEDES HOY.

¿Dónde estás tú mujer, cuál es tu posición, tu logro, tu presencia? ¿Cómo describes tu propio éxito? ¿Cuál será tu próximo capítulo de éxito?

"Son nuestras decisiones las que muestras quiénes somos realmente, más que nuestras habilidades." (J. K. Rowling, autora de Harry Potter)

¿Estas satisfecha con tus decisiones? ¿Si puedes cambiar tu destino que decisión nueva tomarías

Las 12 Reglas de Una Mujer de Éxito

En tu posicionamiento es importante que entiendas que *no hay éxito sin reglas.* Si no tienes fundamentos, valores, principios y reglas no vas a poder con este mundo que no deja que tú tengas prosperidad.

Para CRUZAR TUS FRONTERAS, excusas o limitaciones tienes que aplicar REGLAS.

Asegúrate de decidir que serás una mujer de reglas y puedes empezar con estas, que están basadas en nuestro libro best seller "12 Reglas de Una Vida Exitosa", que ha logrado empoderar miles de vidas, miles de líderes y decenas de negocios.

1. Reconocer Tu Condición
2. Cansarte de Tu Condición
3. Establece tu Razón de Vida
4. Activar el Poder de Decisión
5. Tener una Estrategia
6. La Acción Masiva
7. Desarrollo   Personal Continuo
8. Usar una Agenda
9. Tener Resultados
10.   Cree en Ti
11.   Creer en Dios
12.   Comenzar Otra Vez

Si deseas conocer más acerca de estas reglas, léete el libro en: www.miguelmartineducationcenter.com

"Donde no hay lucha no hay fuerza."
(Oprah Winfrey)

¿En que esta tu enfoque?

Propuestas a problemas actuales de La Mujer

Oportunidad

Debemos hallar muchas maneras de *crear intencionalmente más oportunidades* para equilibrar la balanza; permitiendo que las mujeres se involucren de forma inteligente en el liderazgo del mundo religioso, del ambiente corporativo y empresarial, así como los ámbitos comunitario, educacional, deportivo, etc., como resaltó Susan Adams en la revista FORBES 2013.

Los medios de comunicación

Los medios deben promover a las mujeres siendo bien específicos en sus contribuciones.

Lejos de seguir discutiendo el valor de la mujer, los medios deben darle el valor que se merece, promoviendo un cambio de cultura.

Por ejemplo, las populares series de televisión y el cine, lograron transformar la forma de pensar del pueblo estadounidense al punto de que votaran por un presidente afroamericano. Lo mismo puede suceder en el caso de la mujer.

Leyes

Los legisladores deben promover leyes que favorezcan el papel de las mujeres en todo ámbito, pero en especial debe instarse a las corporaciones para que incluyan a las mujeres por ley y no por opción en sus directivos, líderes, etc.

Trabajo

La mujer debe recibir los mismos honorarios que los hombres y ser aceptadas por sus habilidades y no por sus resultados.

En otras palabras, abandonar la cultura que hoy juzga a la mujer solo por sus resultados, lo que la somete a una espera. La mujer debe ser juzgada PRIMERO por sus habilidades; que es lo que se hace a favor del hombre, según lo demuestran algunos estudios. (McKinsey study)

Madre

Los gobiernos, organizaciones y corporaciones deben articular un sistema que provea recursos y **asistencia económica extra** para que las madres puedan cuidar de sus niños, un sistema que facilite su disponibilidad para ejercer cualquier posición al tener hijos y no limitarla o dejarla a un lado porque tiene hijos.

Reconocimiento

Debe volverse **una cultura** el reconocer intencionalmente a la mujer por su contribución, sus logros y su presencia.

Esto se logrará si las grandes organizaciones empresariales y los gobiernos empiezan a dar el ejemplo reconociendo el valor de la presencia de la mujer y su contribución en cada uno de sus ámbitos.

Valorar

Las organizaciones empresariales necesitan tener un incentivo para valorar el aporte de la mujer.

Ese incentivo puede provenir de los gobiernos en la forma de créditos y deducciones fiscales / impuestos a las organizaciones que den más ventajas a las mujeres.

Educación 5.1

Dar más conferencias, talleres, entrenamientos a los líderes hombres en todo ámbito para ELEVAR CONCIENCIA en este tema y que centros académicos provean programas económicos favorables a las mujeres para INCREMENTAR SU EDUCACION Y POSICIONES en la sociedad.

Finanzas

Que bancos y corporaciones puedan patrocinar estas causas como algo fundamental en su contribución a la sociedad, así como invierten en el tema del medio ambiente.

Responsabilidad de liderazgo

Que los líderes políticos, de iglesia, institucionales y demás PREDIQUEN más su importancia y provean soluciones al mismo desde sus plataformas.

Tiempo

Las organizaciones deben facilitar tiempo del empleo para que las madres puedan prepararse al mismo nivel que los hombres, y que además puedan asistir a ciertas actividades de sus hijos en la escuela.

Coaching

Proveer una consejería familiar donde la familia sea instruida en apreciar el roll de mamá, esposa, madre, empleada, profesional etc. Y que este servicio sea patrocinado por corporaciones, iglesias, bancos y gobierno.

Literatura

Que las librerías hagan más compañas educacionales para atraer a las mujeres a sus instalaciones o plataformas digitales.

Emprendimientos

Facilitar todos los recursos ya disponibles a las mujeres que emprendan, desde educación, fondos y mentorías. Al usar la palabra **facilitar** me refiero que, aunque gubernamentalmente ya existen estos recursos, de alguna manera son súper controlados por organizaciones que solo los usan a su conveniencia y pocos en la comunidad saben de estos recursos y fondos y en su mayoría las mujeres no saben nada del tema.

Educación

Propiciar un cambio en la cultura educacional enseñando a los jóvenes en las escuelas y universidades los logros de las mujeres a lo largo de la historia, con el objetivo de que empiecen a admirarlas por sus méritos. Así erradicaremos de raíz la cultura de machismo en el corazón de los que serán los líderes del mañana.

www.asociaciondeescritores.com

Made in the USA
Columbia, SC
21 February 2022

56253767R00072